Jan Stamer

Web Services mit microsoft.net

I0009925

GRIN - Verlag für akademische Texte

Der GRIN Verlag mit Sitz in München hat sich seit der Gründung im Jahr 1998 auf die Veröffentlichung akademischer Texte spezialisiert.

Die Verlagswebseite www.grin.com ist für Studenten, Hochschullehrer und andere Akademiker die ideale Plattform, ihre Fachtexte, Studienarbeiten, Abschlussarbeiten oder Dissertationen einem breiten Publikum zu präsentieren.

Jan Stamer

Web Services mit microsoft.net

GRIN Verlag

Bibliografische Information der Deutschen Nationalbibliothek: Die Deutsche Bibliothek
verzeichnet diese Publikation in der Deutschen Nationalbibliografie; detaillierte bibliografische Daten sind im Internet über http://dnb.d-nb.de/ abrufbar.

1. Auflage 2004
Copyright © 2004 GRIN Verlag
http://www.grin.com/
Druck und Bindung: Books on Demand GmbH, Norderstedt Germany
ISBN 978-3-638-65283-4

Universität Freiburg
Arbeitsbereich Programmiersprachen

Seminar Webprogrammierung im WS 2004/2005

Web Services mit Microsoft .Net

Jan Stamer

21. Januar 2005

Inhaltsverzeichnis

1 Einleitung

Das Internet wird hauptsächlich zum Betrachten von HTML Dokumenten sowie zum Senden von Emails genutzt. Die Zukunftsvision, dass verschiedenste Geräte über das Internet kommunizieren um Informationen und Funktionalität auszutauschen ist bis dato nicht wahr geworden. Nun hat sich eine Allianz namhafter Firmen formiert (IBM, Microsoft, Sun, ...) um das Potential des Internet besser zu nutzen. Das erklärte Ziel dabei ist, dass Anwendungen Funktionalität über das Internet genauso leicht verfügbar machen können sollen wie auf dem lokalen PC. Das zentrale Konzept hierfür bilden *Web Services*. Ein Web Service ist eine Anwendung, die eine Dienstleistung über das Internet anbietet.

Microsoft bietet zum einfachen Entwickeln sowie Bereitstellen von Web Services das Microsoft .Net Framework an. In dieser Arbeit soll die Entwicklung und Nutzung von Web Services mit dem .Net Framework untersucht werden.

Das zweite Kapitel dieser Arbeit gibt eine Einführung in Microsoft .Net. Anschließend werden die Grundlagen von Web Services vorgestellt. Im vierten Kapitel wird dann die Programmierung von Web Services mit .Net dargestellt. Das darauf folgende Kapitel beschäftigt sich mit der Nutzung und Einbindung von Web Services. Im sechsten Kapitel wird genauer auf die Serialisierung von Daten eingegangen. Das siebte Kapitel befasst sich mit der Zustandsverwaltung von Web Services. Darauf folgt ein Kapitel über die Entwicklung und Nutzung asynchroner Web Services. Kapitel neun fasst die Ergebnisse der Arbeit zusammen und gibt einen Ausblick auf zukünftige Entwicklungen.

2   Einführung in Microsoft .Net

»Bei Microsoft .NET handelt es sich um einen Satz von Softwaretechnologien zum Verknüpfen von Informationen, Menschen, Systemen und Geräten. Diese Technologie der nächsten Generation basiert auf Webservices - kleinen Anwendungsmodulen, die über das Internet sowohl miteinander als auch mit anderen, größeren Anwendungen kommunizieren können.«[8]

Microsoft .Net ist eine Plattform (siehe Abb. 1), die es ermöglichen soll neue Dienste und Anwendungen anzubieten, sowie moderne Windows-Anwendungen zu entwickeln. Die Kernidee der .Net Technologie sind *Web Services*. Ein Web Service ist ein Dienst, der anderen Anwendungen Daten und Informationen über das Internet verfügbar macht. .Net soll den Rahmen für plattformunabhängige Dienste darstellen. Die enge Verzahnung mit Web Technologien (z.B. XML, SOAP, UDDI) soll es Clients ermöglichen von beliebigen Plattformen aus auf diese Dienste zuzugreifen.

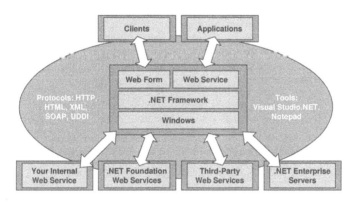

Abbildung 1: Die .Net Plattform[9]

Web Services sollen mit anderen Web Services, Anwendungen und Clients kommunizieren und so eine einfache Entwicklung verteilter Anwendungen ermöglichen.
Im folgenden Kapitel wird das *.Net Framework* vorgestellt, das die Infrastruktur für die .Net Plattform zur Verfügung stellt.

2.1   Das Microsoft .Net Framework

Das .Net Framework (siehe Abb. 2) bildet den Kern von Microsoft .Net. Es besteht aus einer Laufzeitumgebung (*Common Language Runtime* (CLR)) sowie der objektorientierten .Net Klassenbibliothek mit Bibliotheken für Windows- und Internet-Programmierung. In den folgenden Abschnitten wird weiter auf die einzelnen Bestandteile eingegangen.

Anwendungen			
.Net Klassenbibliothek			
ASP.NET	ADO.NET	Windows Forms	...
Common Language Runtime (CLR)			
Garbage Collection	Sicherheit	just in time compilation	...
Betriebssystem (Windows)			

Abbildung 2: Architektur des .Net Frameworks

2.1.1 Die Common Language Runtime (CLR)

Die *Common Language Runtime* (CLR) ist die Laufzeitumgebung auf der .Net Anwendungen ausgeführt werden. Wie auch die Java Runtime basiert die CLR auf einer *virtuellen Maschine* mit einem eigenen Befehlssatz, der *Common Intermediate Language* (CIL). Die Anwendungen werden unmittelbar vor der Ausführung von der CLR in den jeweiligen Maschinencode übersetzt (*just in time compilation*).

Den Entwicklern stehen verschiedene Programmiersprachen zur Auswahl um .Net Anwendungen zu entwickeln wie C#, VisualBasic, C++ oder J#. Alle Anwendungen sollen miteinander interagieren können, unabhängig von der Programmiersprache in der sie geschrieben sind. Um dies zu erreichen muss sichergestellt sein, dass alle Programme dieselben Datentypen benutzen. Deswegen hat Microsoft das *Common Type System* (CTS) entwickelt. Das CTS definiert wie Datentypen, Klassen und Interfaces auszusehen haben. Da alle von Microsoft entwickelten .Net-Sprachen auf dem CTS aufbauen ist es möglich, eine in C# geschriebene Klasse mit VisualBasic zu erweitern oder gar eine Exception, die von einem C# Programm ausgelöst wurde, mit einer J# Komponente abzufangen.

Damit eine Sprache mit in anderen Sprachen geschriebenen Komponenten zusammenarbeiten kann muss sie mindestens die *Common Language Specification* (CLS) (eine Teilmenge der CTS) unterstützen. Es gibt eine Vielzahl von Sprachen (neben den Microsoft spezifischen), die die CLS unterstützen, wie zum Beispiel Java, ML, Perl, Python und einige mehr.

Die CLR besitzt einen *Garbage Collector* sowie einen *Verifier* der sicherstellt, dass die Typregeln der CLR nicht verletzt werden.

2.1.2 Die .Net Klassenbibliothek

Die .Net Klassenbibliothek ist eine Bibliothek von Klassen, die von jeder CLR basierten Sprache genutzt werden können. Sie ist in verschiedene Namensräume unterteilt, die jeweils bestimmte Funktionalitäten bereitstellen (Collections, IO, Threading, Net, Reflection, Windows.Forms, Xml).

Die beiden wichtigsten Bibliotheken zur Entwicklung von Web Services sind ADO.Net und ASP.Net.

ADO.Net

ActiveX Data Object .Net (ADO.Net) stellt diverse Klassen zur Verfügung um auf Datenbanken oder andere Datenquellen (z.B. XML Dateien) zuzugreifen. Dabei werden DataSets als zentrale Datenstruktur verwendet (siehe auch Abschnitt 6.2).

ASP.Net

Active Server Pages .Net (ASP.Net) dient zur Entwicklung dynamischer Webseiten. Dabei kann es sich sowohl um klassische HTML Seiten als auch um Web Services handeln.

3 Technologien von Web Services

Für das Verständnis von Web Services und insbesondere deren Implementierung unter
.Net sind Kenntnisse der eingesetzten Technologien notwendig. Daher werden in diesem
Abschnitt die wichtigsten Technologien vorgestellt, die bei .Net Web Services zum Einsatz
kommen.

3.1 Web Service Description Language (WSDL)

Web Service Description Language (WSDL)[4] ist ein XML Format um Web Services zu
beschreiben. WSDL wurde von IBM und Microsoft gemeinsam formuliert und beim World
Wide Web Consortium (W3C)[1] eingereicht. Ein WSDL Dokument beschreibt das Interface
eines Web Service.

In .Net wird jeder Web Service durch ein WSDL Dokument beschrieben. Die WSDL Beschreibung wird automatisch aus dem Quellcode generiert, und ist ein fester Bestandteil
des Web Service. Wird ein Service geändert oder neu kompiliert, so wird die WSDL Beschreibung aktualisiert. Ein Beispiel für ein WSDL Dokument ist in Anhang A zu finden.

3.2 Simple Object Access Protocol (SOAP)

> Simple Object Access Protocol (SOAP)[2] [...] ist ein leichtgewichtiges Pro-
> tokoll zum Austausch strukturierter Information in dezentralisierten, verteilten
> Umgebungen. [5]

SOAP ist eine Weiterentwicklung des XML-RPC Formats, das in einer Zusammenarbeit
von Dave Winer und Microsoft entwickelt wurde. Es wird nun von einer Arbeitsgruppe
weiterentwickelt der unter anderen IBM, Sun und Canon angehören. SOAP wird (im Gegensatz zu XML-RPC) vom W3C unterstützt. Im Bereich Web Services ist es das gängigste
Format zum Austausch von Daten.

Der wichtigste Unterschied zwischen SOAP und XML-RPC besteht darin, dass unter SOAP
der Name sowie die Reihenfolge von Parametern irrelevant sind. Im Gegensatz dazu ist bei
XML-RPC die Reihenfolge entscheidend, da Parameter nicht mit Namen versehen sind.

SOAP stellt zwei Arten der Formatierung von Daten zur Verfügung:

- Bei dem *Electronic Document Exchange* Format wird die Kommunikation als Austausch von Nachrichten in Form von Dokumenten betrachtet. Das *Electronic Document Exchange* Format ist die Standardeinstellung in .Net.

---

[1]Siehe http://www.w3.org/.
[2]Seit SOAP Version 1.2 handelt es sich bei SOAP um den offiziellen Namen des Protokolls und nicht
mehr um eine Abkürzung, deswegen wird im Folgenden lediglich SOAP als Bezeichnung verwendet.

- Bei *Remote Procedure Calls (RPC)* wird die Kommunikation als Rahmen zur Entwicklung verteilter Programme gesehen, die über RPCs kommunizieren.

Bei der Entwicklung von .Net Anwendungen können beide Methoden der Kommunikation verwendet werden. Dies wird in Abschnitt 4.4 näher erläutert.

SOAP Nachrichten können auf verschiedene Arten übertragen werden wie zum Beispiel HTTP, Sockets, Named Pipes oder auch SMTP. Listing 1 zeigt einen einfachen SOAP Request.

Listing 1: Eine SOAP-Nachricht für einen HelloWorld Web Service

```
<?xml version="1.0" encoding="utf-8"?>
<soap:Envelope xmlns:xsi="http://www.w3.org/2001/XMLSchema-instance"
   xmlns:xsd="http://www.w3.org/2001/XMLSchema"
   xmlns:soap="http://schemas.xmlsoap.org/soap/envelope/">
   <soap:Body>
      <HelloWorld xmlns="HelloWorldName"/>
   </soap:Body>
</soap:Envelope>
```

Web Services können unter .Net nicht nur über SOAP Nachrichten kommunizieren. Sie bieten auch die Möglichkeit, Anfragen direkt über POST oder GET zu senden. Da dies jedoch mit einigen Einschränkungen verbunden ist, wird im Folgenden davon ausgegangen, dass die Kommunikation über das SOAP Protokoll abgewickelt wird.

3.3 DISCO

DISCO ist eine Spezifikation von Microsoft um Clients das Finden aller Web Services eines bestimmten Servers zu ermöglichen. Eine DISCO Datei ist also eine Liste von Web Services und deren Addressen, die in einem speziellen XML Format abgelegt sind. Eine DISCO Datei kann wieder Referenzen auf die Adressen anderer Server enhalten. Listing 2 zeigt einen Auschnitt aus einer DISCO Datei.

Listing 2: Ausschnitt einer DISCO Datei für einen Webservice

```
<?xml version="1.0" encoding="utf-8"?>
<disco:discovery xmlns:disco="http://schemas.xmlsoap.org/disco"
         xmlns:wsdl=" http://schemas.xmlsoap.org/disco/wsdl">
   <wsdl:contactRef=" http://localhost/Serialize/Serialize.asmx"/>
</disco:discovery>
```

DISCO Dateien können entweder mit dem Visual Studio oder von der Kommandozeile mit dem Tool disco.exe generiert werden.

3.4 Universal Description, Discovery and Integration (UDDI)

Um einen Web Service zu finden benötigt der Client die URL eines Servers. Es soll jedoch auch möglich sein, Web Services zu finden ohne ein Unternehmen (und dessen URL) vorher zu kennen. Dies soll durch Universal Description, Discovery and Integration (UDDI)[3] erreicht werden. UDDI ist ein Verzeichnis im Internet in dem Informationen zu Unternehmen und deren Web Services gespeichert sind. Bei der Suche nach einem Web Service mit einer bestimmten Funktionalität soll eine Anfrage an das UDDI-Verzeichnis gestellt werden können, um eine Liste von entsprechenden Diensten (mit Beschreibung) zu bekommen. Diese können anschließend statisch oder dynamisch in die Anwendung eingebunden werden.

Ein UDDI Verzeichnis enthält WSDL Beschreibungen der Web Services. Die Kommunikation eines UDDI Verzeichnisses mit anderen Applikationen geschieht über SOAP.

Ein Beispiel für den Einsatz eines solchen Verzeichnisses wäre Preisauskunft bzw. Reservierung von Flügen. Die Industrie würden einen Standard verabschieden, nach dem Anfragen zu Preisen oder Reservierungen gestellt werden können. Dann würde jede Airline ihren Web Service in einem UDDI Verzeichnis veröffentlichen. Reisebüros könnten dann Anfragen an das UDDI Verzeichnis stellen, um das Interface einer Airline zu finden. Dann könnten sie über dieses Interface sofort mit der Airline kommunizieren.

---

[3]Siehe http://www.uddi.org/.

4 Programmierung von .Net Web Services

.Net Web Services können in verschiedenen Sprachen entwickelt werden. Da alle Sprachen kompatibel sind, wird in dieser Arbeit lediglich die Entwicklung von Web Services mit C# und ASP.Net dargestellt.

Bei .Net Web Services handelt es sich um ASP.Net Dateien mit der Endung *.asmx. Diese werden in einem Verzeichnis des *Internet Information Servers* (IIS) abgelegt.

4.1 Ein "Hello World"–Web Service

Web Services können auf zwei verschiedene Arten entwickelt werden. Entweder mit *Inline-Code* oder mit *Code-behind*. Im Folgenden werden beide Möglichkeiten am Beispiel des Web Services HelloWorldService vorgestellt und diskutiert.

4.1.1 "Hello World"-Web Service als Inline-Code

Bei der Entwicklung als Inline-Code wird der Quellcode in einer Textdatei abgelegt, die vom Server interpretiert wird.

Listing 3: "Hello World"-Web Service in C# als Inline-Code

```
<%@ WebService Language="C#" Class="MyCode.HelloWorldService"%>
using System.Web.Services;

namespace MyCode
{
  public class HelloWorldService: WebService
  {
    [WebMethod]
    public string HelloWorld()
    {
      return "Hello World";
    }
  }
}
```

Die erste Zeile von Listing 3 enthält die ASP.Net Anweisung
<%@ WebService Language="C#" Class="MyCode.HelloWorldService"%>
die kenntlich macht, dass es sich bei der Datei um einen Web Service in C# handelt.

Listing 3 enthält bis auf die erste Zeile nur C# Quellcode. Die Zeile [WebMethod] wird als WebMethod-Attribut bezeichnet und gibt an, dass es sich bei der folgenden Methode um eine öffentliche Methode handelt die über das Web verfügbar sein soll. Das WebMethod-Attribut reicht aus um einen vollständigen Web Service aus einer Methode zu erstellen.

Durch die Ableitung von der Klasse WebService ist es möglich, auf den erstellten Web Service mit HTTP POST/ GET oder SOAP zuzugreifen. Beim erstmaligen Aufruf wird der Web Service vom IIS kompiliert, und es wird eine WSDL Beschreibung generiert.

4.1.2 "Hello World"-Web Service mit Code-behind

Bei der Entwicklung als Code-behind wird der C# Quellcode von der ASP.Net Anweisung getrennt. Der Quelltext steht in einer *.asmx.cs Datei. Der Rest ist analog zur Inline-Code Entwicklung. Listing 4 zeigt den HelloWorldService mit Code-behind. Die Code-behind Entwicklung ist die Standardeinstellung bei der Entwicklung mit Visual Studio.Net.

Listing 4: "Hello World"-Web Service in C# als Code-behind

```
using System;
using System.Web;
using System.Web.Services;

namespace MyCode
{
    public class HelloWorldService: System.Web.Services.WebService
    {
        public HelloWorldService()
        {
            //This call is required by the ASP.NET Web Services Designer
            InitializeComponents();
        }

        [WebMethod]
        public string HelloWorld()
        {
            return "Hello World";
        }
    }
}
```

Die *.asmx Datei besteht lediglich aus der ASP.Net Anweisung. Diese ist analog zu vorher bis auf das Codebehind Attribut, das die Quelldatei angibt.

```
<%@ WebService Language="C#"
      Codebehind="HelloWorld.asmx.cs"
      Class="MyCode.HelloWorldService"%>
```

Bei der Entwicklung als Code-behind muss der Quelltext der C# Datei kompiliert werden und in das Unterverzeichnis bin kopiert werden. Wird ein Request an den Web Service geschickt, so sucht der Server im Verzeichnis bin nach der kompilierten Klasse.

Ein Vorteil der Code-behind Entwicklung ist, dass auf dem Server kein Quelltext liegt. Andererseits muss der Web Service bei jeder Änderung neu kompiliert und ins entsprechende Verzeichnis kopiert werden. Eigentlich ist das Code-behind Attribut dazu gedacht HTML und Code zu trennen. Dies ist jedoch bei Web Services fragwürdig, da es im Allgemeinen keinen HTML-Code gibt.

4.2 Das Attribut WebService

Um einen Web Service besser zu beschreiben ist es wünschenswert, mehr Informationen zur Verfügung zu stellen als Typen und Methoden. Dazu gibt es in .Net das Attribut WebService. Listing 5 zeigt die Verwendung des Attributs am Beispiel des MathService.

Listing 5: "MathService"-Web Service mit Attributen WebService und WebMethod

```
namespace MathService
{
  [WebService(Namespace="http://example.com/MathService",
    Description="Web Service for mathematical operations.")]
  public class MathService : System.Web.Services.WebService
  {
    [WebMethod]
    public int getSum(int a, int b)
    {
      return a+b;
    }
  }
}
```

Das WebService Attribut kann folgende Argumente bekommen:

Namespace legt den Namensraum des Web Services fest.

Description eine Beschreibung des Web Services im Text-/HTML Format die in das WSDL Dokument eingefügt wird.

4.3 Das Attribut WebMethod

Das Attribut WebMethod kennzeichnet öffentliche Methoden. Dem Attribut WebMethod können Parameter übergeben werden um das Verhalten der Methode zu verändern.

Dabei sind folgende Argumente möglich:

Description eine Beschreibung der Methode, die im Text-/HTML Format in das WSDL Dokument eingefügt wird.

MessageName legt den Namen der Methode fest. Dies ist insbesondere bei überladenen Methoden wichtig. Bei überladenen Methoden kann .Net ohne die Angabe eines eindeutigen MessageName keine Web Methode generieren.

EnableSession wird diese Einstellung auf true gesetzt so unterstützt die Methode die Verwaltung mehrerer Sessions (näheres siehe Abschnitt 7).

CacheDuration legt eine Zeitspanne fest für die das Ergebnis der Methode nach einem Aufruf im Cache gehalten wird.

TransactionOption verschiedene Parameter zur Konfiguration von .Net-Transaktionen. Dies wird in Abschnitt 7.1 näher beschrieben.

BufferResponse gibt an, ob die Anfrage gepuffert werden soll oder nicht. In der Standardeinstellung true wird das Ergebnis einer Anfrage solange gepuffert bis der Speicher voll ist oder die Anfrage abgearbeitet ist, und anschließend an den Client weitergeleitet. Bei false wird das Ergebnis direkt an den Client gesendet.

4.4 Die Attribute SoapDocumentMethod und SoapRPCMethod

Mit den Attributen SoapDocumentMethod bzw. SoapRPCMethod kann explizit ein SOAP Format angegeben werden. Listing 6 zeigt die Verwendung beider Attribute am Beispiel des MathService. Listing 7 zeigt ein Beispiel von SOAP Requests für beide Methoden.

Listing 6: Verwendung von SoapDocumentMethod bzw. SoapRPCMethod im MathService

```
[WebMethod]
[SoapDocumentMethod(
    Action="http://example.com/MathService/getSumDoc",
    RequestNamespace="http://example.com/MathService",
    ResponseNamespace="http://example.com/MathService"
    )]
public int getSumDoc(int a, int b)
{
  return a+b;
}

[WebMethod]
[SoapRpcMethod(
    Action="http://example.com/MathService/getSumRPC",
    RequestNamespace="http://example.com/MathService",
    ResponseNamespace="http://example.com/MathService"
    )]
public int getSumRPC(int a, int b)
{
  return a+b;
}
```

Listing 7: Ausschnitt aus Request der Methoden getSumRPC/getSumDoc im MathService

```
SOAPAction: "MathServiceName/getSumDoc":
<soap:Body>
  <getSumDoc xmlns="http://example.com/MathService">
    <a>4</a>
    <b>6</b>
  </getSumDoc>
</soap:Body>


SOAPAction: "MathServiceName/getSumRPC":
<soap:Body soap:encodingStyle="http://schemas.xmlsoap.org/soap/
    encoding/">
  <q1:getSumRPC xmlns:q1="http://example.com/MathService">
    <a xsi:type="xsd:int">4</a>
    <b xsi:type="xsd:int">6</b>
  </q1:getSumRPC>
</soap:Body>
```

Bei der Verwendung von SoapRPCMethod ist der Typ eines Argumentes fester Bestandteil des SOAP Requests. Im Gegensatz dazu kommt der Typ im SoapDocumentMethod Format nicht im Request vor.

Auf einen Vergleich der beiden Formate wird in dieser Arbeit verzichtet, da dies zu weit vom eigentlichen Thema wegführen würde (da eine detaillierte Auseinandersetzung mit der SOAP Spezifikation notwendig wäre).

5 Programmierung von .Net Web Service Clients

Web Services sollen ermöglichen, dass Anwendungen und Web Services plattformunabhängig zusammenarbeiten können ohne zuvor voneinander gewusst zu haben. Idealerweise funktioniert dies nach dem Publish-find-bind-Modell, das im folgenden Abschnitt dargestellt wird.

5.1 Das Publish-find-bind-Modell

Die Nutzung eines Web Service geschieht in 3 Schritten:

1. Ein Service Provider bietet einen Web Service an und veröffentlicht diesen in Verzeichnissen für Web Services, z.B. UDDI oder ebXML.
   ⇒ *publish*

2. Der Client findet den Web Service mit der gewünschten Funktionalität (mitsamt dessen URL und evtl. mit WSDL Beschreibung).
   ⇒ *find/service discovery*

3. Der Client bindet den Service in seine Anwendung ein und nutzt ihn.
   ⇒ *bind*

Dieser Ablauf ist vollständig automatisierbar, und soll es ermöglichen Web Services dynamisch in Anwendungen einzubinden. Im folgenden Abschnitt wird das Einbinden eines Web Services näher beschrieben.

5.2 Das Einbinden eines Web Services

Unter .Net kommuniziert ein Client mit einem Web Service über eine Proxy Klasse (siehe Abb. 3). Die Proxy Klasse kann automatisch aus der WSDL Beschreibung des Dienstes generiert werden.

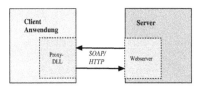

Abbildung 3: Nutzung eines Web Service über eine Proxy Klasse

Dies kann zum Beispiel von der Kommandozeile mit dem Tool wsdl.exe getan werden, das eine Proxy Quelldatei der gewünschten Zielsprache generiert (es werden C#, VB.Net oder JScript.Net unterstützt). Eine andere Möglichkeit ist die Verwendung der Entwicklungsumgebung Visual Studio .Net. Diese ermöglicht die Einbindung eines Web Services über

die WSDL-Beschreibung oder die ∗.asmx Datei. Die Proxy Klasse wird dann automatisch erzeugt und in das aktuelle Projekt eingebunden.

Durch Einbindung der Proxy Klasse können nun die Methoden des Web Services wie lokale Methoden benutzt werden. Listing 8 demonstriert einen solchen Aufruf am Beispiel des MathService.

Listing 8: Einfacher Client für den MathService

```
class MathServiceClient
{
  static void Main(string[] args)
  {
    MathService.MathService ms = new MathService.MathService();
    int res = ms.getSum(2,4); // 6
  }
}
```

6 Serialisierung

Damit der Austausch von Daten über die Grenzen von Maschinen hinweg gelingt, ist die Serialisierung von Daten entscheidend. Serialisierung ist die Umwandlung von Daten in einen Datenstrom, der gespeichert oder über ein Netzwerk gesendet werden kann.

Die Datentypen von Web Services unter .Net sind durch das *XML Schema* des W3C[4] gegeben. Die Datentypen der CLR werden auf entsprechende Datentypen des XML Schemas abgebildet.

Methoden von Web Services die lediglich mit primitiven Datentypen arbeiten, können leicht serialisiert werden. Dabei werden die Parameter und Rückgabewerte in einem komplexen Datentyp zusammengefasst (Listing 9 zeigt ein Beispiel dazu).

Listing 9: XML Schema Beschreibung des Übergabe Formats der getSum Methode des MathService

```
<s:element name="getSum">
  <s:complexType>
    <s:sequence>
      <s:element minOccurs="1" maxOccurs="1" name="a" type="s:int"/>
      <s:element minOccurs="1" maxOccurs="1" name="b" type="s:int"/>
    </s:sequence>
  </s:complexType>
</s:element>
<s:element name="getSumResponse">
  <s:complexType>
    <s:sequence>
      <s:element minOccurs="1" maxOccurs="1"
                 name="getSumResult" type="tns:int"/>
    </s:sequence>
  </s:complexType>
</s:element>
```

Interessanter wird es bei der Serialisierung einer Methode die ein Array als Parameter sowie als Rückgabewert hat. In Listing 10 ist die WSDL Beschreibung der Methode float [] getSquares(float [] numbers) zu sehen, die ein Array der quadrierten Zahlen zurück gibt.

Listing 10: Ausschnitt aus WSDL Beschreibung der getSquares Methode des MathService

```
<s:element name="getSquares">
  <s:complexType>
    <s:sequence>
      <s:element minOccurs="0" maxOccurs="1"
```

---

[4]Siehe http://www.w3.org/2001/XMLSchema.xsd.

```
                    name="xs"  type="tns:ArrayOfFloat"/>
      </s:sequence>
      </s:complexType>
</s:element>
<s:complexType name="ArrayOfFloat">
    <s:sequence>
        <s:element minOccurs="0" maxOccurs="unbounded"
                    name="float" type="s:float"/>
    </s:sequence>
</s:complexType>
<s:element name="getSquaresResponse">
    <s:complexType>
        <s:sequence>
            <s:element minOccurs="0" maxOccurs="1"
                        name="getSquaresResult" type="tns:ArrayOfFloat"/>
        </s:sequence>
    </s:complexType>
</s:element>
```

Bei der Serialisierung werden sowohl der Parameter als auch der Rückgabewert der Methoden in einen komplexen Typ ArrayOfFloat umgewandelt, der beliebig viele float Zahlen enthalten kann. Listing 11 zeigt ein Beispiel für den Aufruf der getSquares Methode.

Listing 11: Aufruf der getSquares Methode des MathService

```
SOAPAction: "http://example.com/MathService/getSquares":
<?xml version="1.0" encoding="utf-8"?>
<soap:Envelope xmlns:xsi="http://www.w3.org/2001/XMLSchema-instance"
                xmlns:xsd="http://www.w3.org/2001/XMLSchema"
                xmlns:soap="http://schemas.xmlsoap.org/soap/envelope/">
    <soap:Body>
        <getSquares xmlns="http://example.com/MathService">
            <xs>
                <int>5</int>
                <int>9</int>
                <int>2</int>
            </xs>
        </getSquares>
    </soap:Body>
</soap:Envelope>
```

Um komplexere Datentypen wie Klassen oder Binärdaten auszutauschen reichen die obigen Mittel der Serialisierung nicht aus. Dies wird im folgenden Abschnitt erörtert.

6.1   Flache vs. Tiefe Serialisierung

Es wird zwischen flacher und tiefer Serialisierung unterschieden. Bei der flachen Serialisierung werden private Instanzvariablen, Methoden oder öffentliche statische Variablen nicht serialisiert.

Die Serialisierung unter .Net basiert auf der Klasse System.Xml.XmlSerializer und führt eine flache Serialisierung durch. Dies kann mitunter zu Problemen führen. Ein Beispiel dafür ist die Klasse Address sowie der Web Service AddressManager aus Listing 12 dessen Methode addAddress(Address a) ein Address Objekt als Parameter nimmt.

Listing 12: Die Klassen Address sowie der Web Service AddressManager

```
public class Address
{
  public string FirstName;
  public string LastName;
  public string EmailID;
  private string Password;
  public static int MAX_CHARACTERS = 200;
}

[WebService(Namespace="example.org")]
public class AddressManager: System.Web.Services.WebService
{
  public AddressManager()
  {
    [WebMethod]
    public void addAddress(Address address)
    {
      ...
    }
  }
}
```

Listing 13 zeigt einen Ausschnitt der WSDL Beschreibung. Es wird weder die private Variable Password noch die statische Variable MAX_CHARACTERS in der WSDL Beschreibung genannt. Also wäre es nicht möglich aus der Eingabe des Web Service ein Address Objekt zu erzeugen. Beim Versuch innerhalb der Methode addAddress auf den Parameter Password der Address Instanz zuzugreifen, kommt die Fehlermeldung `'Address.Password' is inaccessible due to its protection level`.

Listing 13: Ausschnitt aus WSDL Beschr. der addAddress Methode des AddressManager

```
<s:element name="addAddress">
  <s:complexType>
    <s:sequence>
      <s:element minOccurs="0" maxOccurs="1"
                 name="address" type="tns:Address"/>
```

```
    </s:sequence>
    </s:complexType>
</s:element>
<s:complexType name="Address">
    <s:sequence>
    <s:element minOccurs="0" maxOccurs="1"
                    name="FirstName" type="s:string"/>
    <s:element minOccurs="0" maxOccurs="1"
                    name="LastName" type="s:string"/>
    <s:element minOccurs="0" maxOccurs="1"
                    name="EmailID" type="s:string"/>
    </s:sequence>
</s:complexType>
```

Bei der Entwicklung von Web Services müssen diese Einschränkungen in Betracht gezogen werden. Es widerspricht jedoch auch dem Prinzip von Web Services Instanzvariablen oder private Objekte zu verarbeiten, da ein Web Service per se öffentlich ist.

6.2 Übergabe von DataSets

Eine weit verbreitete Datenstruktur ist die Klasse DataSet aus der ADO.Net Bibliothek. Bei einem DataSet handelt es sich um eine relationale Datenbank[5]. DataSets können aus XML Dokumenten oder Datenbanken erzeugt, und wieder in solche umgewandelt werden. Ein DataSet hat eine variable Anzahl von Tabellen, Spalten und Bedingungen. Es wird zwischen typisierten und nicht typisierten DataSets unterschieden. Typisierte DataSets werden aus einer XML Schema Definition generiert, d.h. Struktur und Typinformationen des DataSets sind fest vorgegeben. Im Gegensatz dazu sind bei einem nicht typisierten DataSet diese Informationen nicht vorhanden.

Bei der Serialisierung von typisierten DataSets kann die XML Schema Definition direkt übergeben werden. Da der Inhalt eines nicht typisierten DataSets erst zur Laufzeit feststeht, kann keine feste Beschreibung durch ein XML Schema erzeugt werden. Deswegen wird ein nicht typisiertes DataSet durch ein eigenes XML Schema Dokument beschrieben, das zur Laufzeit generiert wird. Listing 14 zeigt wie die Übergabe eines nicht typisierten Data-Sets durch das WSDL Dokument beschrieben wird. Die Zeile <s:element ref="s:schema"/> verweist auf die XML Schema Definition.

Listing 14: Ausschnitt aus WSDL Beschreibung zur Übergabe eines DataSets

```
<s:element minOccurs="0" maxOccurs="1" name="getSomeResult">
    <s:complexType>
    <s:sequence>
        <s:element ref="s:schema"/>
        <s:any />
```

---

[5]Eine genauere Beschreibung des Datentyps DataSet findet sich unter [6, Kap. 12]

```
</s : sequence>
</s : complexType>
</s : element>
```

Clients können dann aus dem XML Schema die Informationen über den Inhalt des DataSets auslesen und verarbeiten.

7 Zustandsverwaltung

Wird ein Web Service so programmiert, dass er von der Klasse System.Web.Services.WebService erbt, so kann auf sämtliche ASP.Net Objekte zugegriffen werden. So lässt sich unter Verwendung des *Session* Objektes ein Web Service mit Zuständen realisieren. Da das *Session* Objekt auf Cookies basiert, muss der Client eine Speichermöglichkeit für Cookies zur Verfügung stellen. Die Klasse System.Net.CookieContainer stellt gerade eine solche Speichermöglichkeit dar. Web Services unter .Net bieten auch eine Unterstützung von Transaktionen. Darauf wird im nächsten Abschnitt eingegangen.

7.1 Transaktionen

Im Argument TransactionOption des WebMethod Attributs kann die Methode für die Unterstützung von Transaktionen konfiguriert werden. Dabei sind die Einstellungen Disabled, NotSupported, Required, RequiresNew und Supported möglich. Die Standardeinstellung ist Disabled.

Da es sich bei HTTP um ein zustandsloses Protokoll handelt, kann eine Web Methode stets nur die Wurzel einer Transaktion sein. Folglich sind die Optionen Required, RequiresNew und Supported zum Aktivieren von Transaktionen äquivalent. Ebenso die Optionen NotSupported und Disabled zum Deaktivieren von Transaktionen[6]. Es kann also innerhalb einer Web Methode, die eine Transaktion unterstützt, keine weitere Web Methode aufgerufen die Teil dieser Transaktion ist. Diese Einschränkung muss bei der Entwicklung von .Net Web Services berücksichtigt werden, da es sonst passieren kann das sich Objekte in inkonsistenten Zuständen befinden.

---

[6]Microsoft hat sich dafür entschieden trotzdem alle Optionen aufzunehmen, um in Zukunft zustandsbehaftete Protokolle unterstützen zu können.

8 Asynchrone Services

Im Vergleich zum Aufruf einer lokalen Methode benötigt eine Anfrage an einen Web Service wesentlich mehr Zeit. Eine Möglichkeit mit der Verzögerung durch die Übertragung über das Netz umzugehen ist die Entwicklung asynchroner Web Services.

Bei genauerer Betrachtung des Quellcodes von Proxy Klassen ist festzustellen, dass diese verschiedene Möglichkeiten bieten Requests an einen Web Service zu senden. Es gibt einmal die Invoke() Methode die einen synchronen Aufruf des Web Service durchführt. Dann gibt es noch die Methoden BeginInvoke() und EndInvoke() die asynchrone Requests an den Web Service senden. In den nächsten Abschnitten werden verschiedene Möglichkeiten dargestellt asynchrone Anfragen zu stellen.

8.1 Polling

Die einfachste Art asynchroner Anfragen ist *Polling*. D.h. die BeginInvoke() Methode des Dienstes wird aufgerufen, und der Status wird abgefragt bis das Ergebnis vorhanden ist. Unter .Net gibt der Aufruf der BeginInvoke() Methode ein System.IAsyncResult Objekt zurück. Mit der Eigenschaft isCompleted kann abgefragt werden ob die Anfrage abgearbeitet ist.

8.2 WaitHandles

Eine andere Möglichkeit ist ein System.Threading.WaitHandle Objekt zu nutzen. Die AsyncWaitHandle Eigenschaft des System.IAsyncResult Objektes liefert gerade ein solches Objekt zurück. Man kann dann mit AsyncWaitHandle.WaitOne() warten bis das Ergebnis vorliegt, oder mit AsyncWaitHandle.WaitOne(new TimeSpan(..),false) eine bestimmte Zeitspanne warten bis ein Ergebnis vorhanden ist oder anderenfalls abbrechen. Weitere Methoden des WaitHandle Objektes sind WaitAny(), das ein Array von Handles nimmt und wartet bis eine der Anfragen abgearbeitet ist, und WaitAll(), das ebenfalls ein Array von Handles nimmt und auf das Ende aller Anfragen wartet.

8.3 Callbacks

Callbacks sind eine weitere Möglichkeit, bei der nicht auf das Ergebnis einer Anfrage gewartet werden muss. Dabei handelt es sich um Methoden die beim Empfang des Ergebnisses ausgeführt werden. Dies geschieht unter .Net, indem eine Methode mit der Signatur public void Callback(IASyncResult handle) erstellt wird. Dann wird mit AsyncCallback delegate = new AsyncCallback(Callback) ein Async–Callback-Delegate angelegt, der den Handle an die Callback Methode delegiert.

9 Zusammenfassung und Ausblick

Bei der Entwicklung der .Net Plattform hat Microsoft von Anfang an Web Services als einen zentralen Bestandteil in .Net integriert. Dabei wurde insbesondere darauf geachtet, dass eine schnelle und einfache Entwicklung von Web Services möglich ist. Dies ist Microsoft durchaus gelungen. Insbesondere stellt Microsoft Entwicklern mit dem Visual Studio .Net ein sehr mächtiges und einfaches Werkzeug zur Entwicklung von .Net Anwendungen zur Verfügung.

Trotzdem können bei der Entwicklung von .Net Web Services einige Probleme auftreten. Da der Datenaustausch unter .Net hauptsächlich über das SOAP Protokoll abgewickelt wird kann es Probleme mit verschiedenen SOAP Implementierungen geben. Microsoft benutzt eine von über 80 verschiedenen SOAP Implementierungen[7]. Aufgrund der Unterschiede der Implementierungen ist die Interoperabilität von Web Services nicht unbedingt gewährleistet. Beim Hosting von .Net Web Services besteht bis jetzt zur Windows Plattform keine Alternative. Als Server können dabei Microsofts IIS oder eine Version des Apache Servers 2.0 mit ASP.Net Unterstützung der Firma Covalent[8] zum Einsatz kommen.

Web Services sind nur ein Schritt um Funktionalität über das Internet verfügbar zu machen. In Zukunft soll es möglich sein, ganze Prozesse oder Netze von Web Services auf eine ähnliche Art zu nutzen. Das *Web Service Choreography Interface* (WSCI)[9] ist eine XML Spezifikation, die sich dies zum Ziel gesetzt hat. Es wird sich zeigen, welches Produkt am besten in der Lage ist auch neue Entwicklungen und Technologien mit einzubeziehen.

Grundsätzlich ist das .Net Framework sicherlich eine ernst zu nehmende Entwicklung, die in Zukunft aus der Windows Welt nicht wegzudenken sein wird. Momentan ist aber schwer abzusehen, ob .Net auch außerhalb der Windows-Welt neue Standards setzen wird. Im Hinblick auf Web Services bleibt abzuwarten, inwiefern sich der Traum von Anwendungen auf der Basis von Web Services durchsetzen wird.

---

[7]Eine Auswahl ist unter http://www.soaplite.com/#toolkits zu finden.
[8]Siehe http://www.covalent.com.
[9]Siehe http://www.w3.org/TR/wsci/.

Literatur

[1] Wolfgang Beer, Dietrich Birngruber, Hanspeter Mössenböck. *Die .Net Technologie.* Dpunkt Verlag, 2003

[2] Holger Schwichtenberg. *Web Services mit dem .Net Framework.* iX Special, 01/03:107-110, Januar 2003

[3] David Chappell. *.Net verstehen.* Addison-Wesley, 2002

[4] Erik Christensen, Francisco Curbera, Greg Meredith, Sanjiva Weerawarana. *Web Services Description Language (WSDL) 1.1.* Internet, März 2001, http://www.w3.org/TR/2001/NOTE-wsdl-20010315

[5] Martin Gudgin, Marc Hadley, Noah Mendelsohn, Jean-Jacques Moreau, Henrik Frystyk Nielsen. *SOAP Version 1.2 Part 1: Messaging Framework.* Internet, 2003, http://www.w3.org/TR/soap12-part1/

[6] Matthias Lohrer. *Einstieg in Asp.Net.* Galileo Computing, 2003

[7] Alex Ferrara, Matthew MacDonald. *Webservices mit .Net.* o'Reilly, 2002

[8] Microsoft Deutschland GmbH. *Microsoft .Net Basics.* Internet, 2004, http://www.microsoft.com/germany/themen/net/wasistdotnet.mspx

[9] Mark Sapossnek. *Microsoft .Net Academic Resource Kit.* CD-Rom, 2002

A   WSDL Beschreibung des MathService

```xml
<?xml version="1.0" encoding="utf-8"?>
<wsdl:definitions xmlns:http="http://schemas.xmlsoap.org/wsdl/http/"
              xmlns:soap="http://schemas.xmlsoap.org/wsdl/soap/"
              xmlns:s="http://www.w3.org/2001/XMLSchema"
              xmlns:s0="http://example.com/MathService"
              xmlns:soapenc="http://schemas.xmlsoap.org/soap/encoding/"
              xmlns:tns="MathServiceName"
              xmlns:tm="http://microsoft.com/wsdl/mime/textMatching/"
              xmlns:mime="http://schemas.xmlsoap.org/wsdl/mime/"
              targetNamespace="MathServiceName"
              xmlns:wsdl="http://schemas.xmlsoap.org/wsdl/">
  <wsdl:types>
    <s:schema elementFormDefault="qualified"
              targetNamespace="http://example.com/MathService">
      <s:element name="getSumDoc">
        <s:complexType>
          <s:sequence>
            <s:element minOccurs="1" maxOccurs="1" name="a"
            type="s:int"/>
            <s:element minOccurs="1" maxOccurs="1" name="b"
            type="s:int"/>
          </s:sequence>

        </s:complexType>
      </s:element>
      <s:element name="getSumDocResponse">
        <s:complexType>
          <s:sequence>
            <s:element minOccurs="1" maxOccurs="1"
            name="getSumDocResult" type="s:int"/>
          </s:sequence>
        </s:complexType>
      </s:element>

    </s:schema>
    <s:schema elementFormDefault="qualified"
              targetNamespace="MathServiceName">
      <s:element name="getSquares">
        <s:complexType>
          <s:sequence>
            <s:element minOccurs="0" maxOccurs="1"
            name="xs" type="tns:ArrayOfInt"/>
          </s:sequence>
```

```
        </s:complexType>
      </s:element>

      <s:complexType name="ArrayOfInt">
        <s:sequence>
          <s:element minOccurs="0" maxOccurs="unbounded"
            name="int" type="s:int"/>
        </s:sequence>
      </s:complexType>
      <s:element name="getSquaresResponse">
        <s:complexType>
          <s:sequence>
            <s:element minOccurs="0" maxOccurs="1"
              name="getSquaresResult" type="tns:ArrayOfInt"/>

          </s:sequence>
        </s:complexType>
      </s:element>
    </s:schema>
  </wsdl:types>
  <wsdl:message name="getSumDocSoapIn">
    <wsdl:part name="parameters" element="s0:getSumDoc"/>
  </wsdl:message>
  <wsdl:message name="getSumDocSoapOut">

    <wsdl:part name="parameters" element="s0:getSumDocResponse"/>
  </wsdl:message>
  <wsdl:message name="getSumRPCSoapIn">
    <wsdl:part name="a" type="s:int"/>
    <wsdl:part name="b" type="s:int"/>
  </wsdl:message>
  <wsdl:message name="getSumRPCSoapOut">
    <wsdl:part name="getSumRPCResult" type="s:int"/>
  </wsdl:message>

  <wsdl:message name="getSquaresSoapIn">
    <wsdl:part name="parameters" element="tns:getSquares"/>
  </wsdl:message>
  <wsdl:message name="getSquaresSoapOut">
    <wsdl:part name="parameters" element="tns:getSquaresResponse"/>
  </wsdl:message>
  <wsdl:portType name="MathServiceSoap">
    <wsdl:operation name="getSumDoc">
      <wsdl:input message="tns:getSumDocSoapIn"/>
```

```xml
      <wsdl:output message="tns:getSumDocSoapOut"/>
    </wsdl:operation>
    <wsdl:operation name="getSumRPC">
      <wsdl:input message="tns:getSumRPCSoapIn"/>
      <wsdl:output message="tns:getSumRPCSoapOut"/>
    </wsdl:operation>
    <wsdl:operation name="getSquares">
      <wsdl:input message="tns:getSquaresSoapIn"/>
      <wsdl:output message="tns:getSquaresSoapOut"/>

    </wsdl:operation>
  </wsdl:portType>
  <wsdl:binding name="MathServiceSoap" type="tns:MathServiceSoap">
    <soap:binding transport="http://schemas.xmlsoap.org/soap/http"
        style="document"/>
    <wsdl:operation name="getSumDoc">
      <soap:operation soapAction="http://example.com/MathService/
        getSumDoc"
          style="document"/>
      <wsdl:input>
        <soap:body use="literal"/>
      </wsdl:input>

      <wsdl:output>
        <soap:body use="literal"/>
      </wsdl:output>
    </wsdl:operation>
    <wsdl:operation name="getSumRPC">
      <soap:operation soapAction="http://example.com/MathService/
        getSumRPC" style="rpc"/>
      <wsdl:input>
        <soap:body use="encoded"
          namespace="http://example.com/MathService"
          encodingStyle="http://schemas.xmlsoap.org/soap/encoding/"/>
      </wsdl:input>

      <wsdl:output>
        <soap:body use="encoded"
          namespace="http://example.com/MathService"
          encodingStyle="http://schemas.xmlsoap.org/soap/encoding/"/>
      </wsdl:output>
    </wsdl:operation>
    <wsdl:operation name="getSquares">
      <soap:operation soapAction="MathServiceName/getSquares"
          style="document"/>
```

```
      <wsdl:input>
        <soap:body use="literal"/>
      </wsdl:input>

      <wsdl:output>
        <soap:body use="literal"/>
      </wsdl:output>
    </wsdl:operation>
  </wsdl:binding>
  <wsdl:service name="MathService">
    <documentation xmlns="http://schemas.xmlsoap.org/wsdl/">
      <b>A WebService for mathematical operations.<br/>
      See <a href="http://localhost/MathService/doc">Documentation</a>
      for more info.</b>
    </documentation>

    <wsdl:port name="MathServiceSoap" binding="tns:MathServiceSoap">
      <soap:address
          location="http://example.com/MathService/MathService.asmx"/>
    </wsdl:port>
  </wsdl:service>
</wsdl:definitions>
```